A Magia Divina dos Elementais

Rubens Saraceni

A Magia Divina dos Elementais

MADRAS®

© 2025, Madras Editora Ltda.

Editor:
Wagner Veneziani Costa

Produção e Capa:
Equipe Técnica Madras

Revisoras Colaboradoras:
Erika Sá da Silva
Karina Penariol Sanches
Marcia Alves Batista

Dados Internacionais de Catalogação na Publicação (CIP)
(Câmara Brasileira do Livro, SP, Brasil)

Saraceni, Rubens
A magia divina dos elementais/Rubens Saraceni. – 9. ed. – São Paulo: Madras, 2025.
ISBN 978-85-370-0544-6
1. Elementais 2. Magia I. Título.
09-10676 CDD-133.43

Índices para catálogo sistemático:
1. Magia divina dos elementais : Ocultismo
133.43

Proibida a reprodução total ou parcial desta obra, de qualquer forma ou por qualquer meio eletrônico, mecânico, inclusive por meio de processos xerográficos, incluindo ainda o uso da internet, sem a permissão expressa da Madras Editora, na pessoa de seu editor (Lei nº 9.610, de 19.2.98).

Todos os direitos desta edição reservados pela

MADRAS EDITORA LTDA.
Rua Paulo Gonçalves, 88 – Santana
CEP: 02403-020 – São Paulo/SP
Tel.: (11) 2281-5555 – (11) 98128-7754
www.madras.com.br

Índice

Apresentação 7
O que é Magia Elementar e Elemental 13
As Dimensões Paralelas da Vida 19
Os Seres Elementares 27
A Magia Elemental 33
A Magia Elementar 37
Elementos Combinantes 41
A Energia dos Elementos em Nosso Auxílio 45
Como Surgem as Energias Elementais 53
As Divindades Elementais 63
As Cores das Energias Elementais Puras 71
As Energias Elementais na Magia Divina 73
Seres Elementais na Magia Divina 81
A Magia Elementar 85
Formas de Vida Elementares 89

A Ativação da Magia Elemental Pura...................................93
A Ativação Mágica dos Seres Elementais Puras................97
Consagração de Elementos Materiais...................................99
Conclusão 101

Apresentação

Falar a respeito dos seres elementais ou elementares é importante porque na Magia Divina eles têm um vasto campo de atuação e, se corretamente evocados e direcionados, podem nos auxiliar na solução ou diluição dos mais difíceis problemas espirituais ou materiais.

A maioria dos autores espiritualistas denominam os seres associados aos elementos por elementares. Mas não é errado se os chamarmos de elementais (de elemento); apenas existe um diferenciador que explicaremos adiante.

Elementar é básico, de elemental e de elementos, e ambas as denominações são corretas porque esses seres tanto estão na base ou início de suas evoluções como vivem em frequências vibracionais ou planos da vida específicos, sendo que uns são seres elementais ou elementares do fogo porque vivem na faixa vibratória por onde flui a energia ígnea. Já outros, são elementais da água e vivem na faixa vibratória aquática, etc.

O nosso propósito neste livro é tornarmos acessível a todos um conhecimento amplo e renovado na abordagem desses seres já descritos e comentados desde eras remotas pelos ocultistas e iniciados nos mistérios da criação.

É certo que a literatura disponível no esoterismo, no ocultismo e no espiritualismo limita-se unicamente a quatro classes de seres elementais, que são: da terra, da água, do ar e do fogo.

— Os elementais da terra são denominados por gnomos.

— Os elementais da água são denominados por ondinas.

— Os elementais do ar são denominados por salamandras.

— Os elementais do fogo são denominados por silfos.

Esta classificação é oriunda do ocultismo antigo e inclusive tem servido para ilustrar contos, fábulas e mitos. Toda a literatura disponível limitou-se a essas quatro classificações, limitando, também, o uso mágico desses seres que vivem e evoluem nas faixas vibratórias básicas ou elementares da natureza.

Nós, aqui, e mais uma vez, tal como temos feito com vários outros mistérios da criação, abriremos este campo da Magia como os seres elementais e as energias elementares ou básicas.

Sim, a Magia Divina criada por nós também trabalha com as energias elementares e as direciona beneficamente suprindo sua falta em nosso corpo etérico, que é vulnerável ao vampirismo energético praticado por seres pertencentes a outras dimensões da vida, isoladas da dos espíritos, mas, infelizmente, acessadas pelos adeptos da Magia Negra, que os trazem à nossa dimensão para os auxiliarem nas suas empreitadas condenáveis pelas leis divinas.

Lamentavelmente, pessoas desconhecedoras dos mecanismos multidimensionais acionados nas Magias Negras abrem portais para realidades ainda fechadas para o conhecimento humano e trazem seres que vivem nas faixas vibratórias negativas das suas dimensões da vida. E estes seres, fora dos seus meios naturais onde abunda as energias que os alimentam, são obrigados a extraírem de nós energias vitais para se manterem vivos.

Com isso, o vampirismo energético é praticado contra nós, os "espíritos humanos", e a Magia Negra vem abrindo diariamente novos portais mágicos negativos sem se dar conta de que o mal que praticam contra os seus semelhantes está infestando a dimensão espiritual com novas e nocivas formas de vida. E este é um processo que atinge a todos nós, independente de sermos pessoas boas ou más, já que eles precisam alimentar-se energeticamente com a nossa energia vital.

Nós, os praticantes da Magia Divina, trazida até nós pelo nosso amado mestre Seiman Hamisser Yê, temos observado, com o auxílio dos clarividentes, as mais estranhas formas de vida, todas provindas de outras dimensões da vida, mas trazidas por intermédio das Magias Negras.

Este é um campo de estudos novo e não temos conhecimentos da existência de alguma literatura a respeito destes seres, que também são elementares ou básicos e são elementais (de elemento) porque uns alimentam-se da nossa energia aquática, outros da nossa energia telúrica, etc.

Até onde pesquisamos, as literaturas especializadas nos seres elementares ou elementais é limitadíssima e nada aborda acerca da existência de outros seres elemantares além dos silfos, dos gnomos, das ondinas e das salamandras.

Entendemos que isto se deve ao véu da lei dos mistérios, que ocultou tudo a respeito desses seres no decorrer dos séculos e, se pegarmos os livros aí disponíveis, veremos que há uma repetição dessa classificação até agora existente e podemos afirmar com convicção que todos os escritos acerca dos seres elementares são derivados de uma única e limitada classificação, já muito antiga, que foi feita por alguém desconhecido ou não indicado pelas pessoas que se serviram de sua descrição desses seres da natureza lá atrás, no passado.

Fadas, gnomos, silfos, ondinas e salamandras povoam contos infantis, estórias ocultistas ou iniciáticas, mas pouco revelam do imensurável universo etérico habitado por seres elementares e elementais (em capítulos específicos comentaremos a diferença entre elementares e elementais).

Mas, aqui, neste nosso livro sobre a Magia Divina dos Elementais, vocês terão uma abertura mais ampla a respeito de tão magnífico mistério da criação, atendendo, assim, à nossa missão nesta terra abençoada que é a de abrirmos, de forma ordenada e positiva, alguns dos mistérios da criação do nosso divino Criador e senhor Deus.

Prepare-se para o que lhes será mostrado porque, se abrirmos este mistério, também mostraremos o lado sombrio e nocivo dos seres elementares e elementais, assim como conhecerão a ação luminosa e benéfica das energias positivas e a ação escurecedora e nociva das energias negativas geradas e irradiadas pelos seres elementares negativados por causa de suas dificuldades evolucionistas ou pelo mau uso dado a eles nas Magias destrutivas.

Tenham uma boa leitura e um bom aprendizado!

Rubens Saraceni

O que é a Magia Elementar e Elemental

A Magia Elementar é aquela que em seus trabalhos utiliza-se dos seres primários, desprovidos de funções racionais e movidos unicamente pelo instinto de sobrevivência.

A esses seres faltam as faculdades superiores e eles encontram-se nos mais baixos graus da escala evolutiva. E, ainda que analogicamente possamos compará-los às lesmas, às aranhas, às serpentes, às sanguessugas e outras formas de vida existentes no nosso plano material, já que estas espécies estão na base da escala evolutiva, no entanto, tal como estes, os seres elementares têm suas funções na criação existente em outras dimensões da vida.

Os processos reprodutivos dos seres elementares aconteceram de várias formas. As mais comuns são as de união de machos e fêmeas, que geram novos membros de uma mesma espécie, e isto, no lado etérico da vida!

Mas há os processos reprodutivos em que um ser elementar gera sozinho os novos membros da sua espécie.

Eles estão na base da escala evolutiva e suas existências destinam-se às suas funções: consumir as energias emanadas pelos espíritos negativados ou gerados pela "natureza" existente nas dimensões da vida em que vivem.

Aqui, no plano material da vida, vemos que a função dos pássaros é controlar a expansão de várias espécies de insetos e larvas. A função das serpentes é a de controlarem a expansão de várias espécies de roedores, de batráquios, de peixes, etc.

E assim, cada espécie inferior existente aqui no plano material tem a sua função principal e que a distingue. E o mesmo acontece nas outras dimensões da vida, tão ou mais populosas que o nosso plano material por enquanto só habitado em nosso planeta, no nosso sistema solar.

Aqui, no plano material, sabemos o tamanho do nosso planeta e de sua população, assim como já estudamos a maior parte das espécies aqui existentes, ou como nós as denominamos: as formas da vida fluir.

A vida, assim como a energia, é uma só. Mas ambas fluem através de formas diferentes e criam a diversidade.

— Uma planta é viva e nela a vida flui em sua forma vegetal.

— Um peixe é vivo e nele a vida flui na sua forma...

— As pessoas são vivas e nelas a vida flui em sua forma humana.

— Um anjo é vivo e nele a vida flui em sua forma angélica.

— Etc., etc., etc.

Com isso explicado, entendam que a vida é um mistério de Deus que flui de muitas formas, criando espécies de seres ou criaturas.

No plano material, as muitas formas de vida são limitadas pela natureza terrestre e suas expansões não ultrapassam a sua capacidade em fornecer-lhes os alimentos indispensáveis às suas multiplicações.

Aqui, no plano material terrestre, há um limite para tudo e para todos. Já nas dimensões etéricas, ou paralelas à dimensão espiritual humana, não há limites de tamanho porque são infinitas em si mesmas e não há um começo ou fim para elas, que se assemelham com o nosso Universo, infinito em todas as direções.

As dimensões paralelas também são habitadas por seres superiores dotados de racionalidade, que vivem em seus meios próprios e evoluem segundo princípios estabelecidos por Deus para eles.

Muitos desses princípios diferem dos estabelecidos para nós por ele, o nosso divino Criador.

Muitas dimensões da vida, muitos princípios evolucionistas, muitas formas de vida... mas um só divino Criador para tudo e para todos.

Referimos-nos ao supremo criador como Deus. Já em outras dimensões, os seres superiores o chamam por outros nomes, mas o veem como o senhor da vida e dos meios por onde ela flui.

Enfim, tudo em Deus é mistério, e as formas elementares pelas quais a vida flui têm suas funções, seja aqui no plano material terrestre da vida, seja em outras dimensões, totalmente desconhecidas por nós... por enquanto.

Podemos classificar a vida desta forma:

— Seres elementais, ou puros dos elementos.

— Seres elementares, ou viventes na base das escalas evolucionistas.

— Seres intermediários, ainda instintivos mas capazes de externarem afetividade e outras faculdades naturais existentes nos seres racionais.

— Seres superiores, dotados de racionalidade e faculdades mestrais.

Explicada esta classificação, temos isto:

— Os seres elementais são em si o próprio elemento em que originam-se, ou seja: um ser elemental ígneo é em si a energia elemental ígnea, alimenta-se dela e vive em um meio inteiramente ígneo. Um ser elemental aquático é em si a energia elemental aquática, alimenta-se dela e vive em ambiente aquático. E o mesmo aplica-se aos seres dos outros elementos.

Há seres elementais inteligentíssimos e outros nem tanto. Os primeiros são muito evoluidos, os segundos ainda estão evoluindo e, tal como aqui no plano material temos animais domésticos ou domesticáveis e outros selvagens, nas dimensões elementais puras existem formas de vida (ou espécies) domésticas ou domesticáveis e outras não; mas elas também são formadas e vivem no próprio elemento que as originou e as alimentam.

— Os seres elementares pertencem à outra forma da vida fluir e guiam-se pelo instinto de sobrevivência pois estão na base da escala evolucionista e suas únicas preocupações são com a sobrevivência e com a perpetuação das suas espécies, perpetuações estas também instintivas.

— Os seres intermediários, e que tanto são instintivos quanto demonstram afeto ou laivos de inteligência, assemelham-se aos símios e aos cães do plano material.

— Os seres superiores ou racionais, estes existem em todas as dimensões da vida e, tal como nós, são os que estão no topo da escala evolutiva.

Os seres elementais só vivem e evoluem em meios energéticos puros ou de uma única energia elemental.

Os seres elementares vivem em meios energéticos mistos, formados por poucas energias.

Os seres intermediários vivem em meios energéticos formados por vários tipos de energias.

Os seres superiores vivem em meios energéticos formados por todos os tipos de energias, só absorvendo dele as que são indispensáveis para sobreviverem. Seus corpos energéticos são dotados de filtros (chacras) especiais que só absorvem as energias que lhes são benéficas.

Agora, quanto às energias, há somente uma primordial gerada e emanada por Deus. Mas ela, ainda em sua forma original, flui em todas as frequências ou em todos os graus vibracionais sutis, criando as condições para que posteriormente duas ou mais formas dela possam fluir e criar os meios e os alimentos indispensáveis às formas de vida que Deus gera e emana para esses meios.

Portanto, temos seres elementais, dimensões elementais e energias elementais.

E temos seres elementares, meios elementares e energias elementares.

Com isso, os amigos leitores já estão deduzindo que a Magia Elemental ou Elementar até agora conhecida é bem "elementar", não?

Sim, esta Magia é bem humana e foi adaptada à compreensão das pessoas quando foi aberta ao plano material milênios atrás. Mas ela não deixou de auxiliar quem a ela recorreu com propósitos elevados e não deixou de prejudicar as pessoas vítimas dos magos negros cujos propósitos são tão sombrios quanto suas almas.

As Dimensões Paralelas da Vida

A vida, diferente do que apregoam os céticos quanto à existência do mundo invisível e etérico, flui em muitas frequências vibracionais, sendo que cada uma é em si um meio dela fluir em todo o seu esplendor e grandeza divina.

Neste nosso planeta abençoado temos sete dimensões elementais e com isso já discordamos da classificação que diz que só existem quatro elementos formadores.

Estas sete dimensões estão na base da escala evolucionista planetária e nós as classificamos assim:

— Dimensão aquática pura, formada apenas pela energia elemental aquática.

— Dimensão telúrica pura, formada apenas pela energia elemental telúrica.

— Dimensão eólica pura, formada apenas pela energia elemental eólica.

— Dimensão elemental ígnea pura, formada apenas pela energia elemental ígnea.

— Dimensão elemental mineral pura, formada apenas pela energia elemental mineral.

— Dimensão elemental cristalina pura, formada apenas pela energia elemental cristalina.

— Dimensão elemental vegetal pura, formada apenas pela energia elemental vegetal.

Estas sete dimensões elementais puras são tão sutis ou "rarefeitas" que estamos nos deslocando dentro delas o tempo todo e não só não as percebemos, vemos ou sentimos, como elas são inacessíveis aos nossos sentidos, atualmente adaptados às energias do plano material e à sua contraparte espiritual ou etérica.

Elas formam o primeiro plano da vida planetário e estão na base da formação da matéria e da vida em nosso planeta.

Sete dimensões elementais, sete formas da energia dos elementos fluir e sete meios diferentes para abrigarem diferentes formas de vida pelas quais a vida original está fluindo sutilmente.

Nestas dimensões elementais básicas, só os seres elementais vivem pois são em si o elemento que os alimentam e distinguem.

Existem seres elementais puros ou de um só elemento ainda iniciando sua evolução e são tão infantis quanto uma criança. Mas, como há toda uma escala evolutiva própria para eles, que nunca deixarão de ser elementais, então existem seres puros dos elementos com uma evolução tão grande que comparam-se aos anjos, aos arcanjos, aos tronos, etc., e regem reinos vastíssimos dentro do seu elemento e na dimensão que os abrigam.

Eles, à medida que vão evoluindo, vão assumindo levas numerosas de elementais que estão iniciando suas evoluções e mostram-se pequeninos, infantis e inconscientes.

Os seres elementais puros têm outro diferenciador com os espíritos: à medida que vão evoluindo vão crescendo em tamanho e chegam ao tamanho de uma montanha.

E quando atingem seu crescimento máximo no reino em que cresceram e evoluiram são deslocados para um outro plano da vida, extraplanetário, pois transcendem o nosso planeta e abarcam todo o Universo, onde continuam a crescer e evoluir infinitamente.

É certo que esta evolução elemental pura é lentíssima e um ser dessa natureza demora milhares de anos para alcançar o estágio adulto e demora outros milhares de anos para ser transportado com todo o seu reino ao plano elemental "universal" destinado aos seres de sua espécie.

Também é certo que o que aqui comentamos era desconhecido das pessoas, mesmo as mais versadas no ocultismo, pois acreditavam que os seres elementais ou os elementares reduziam-se a silfos, salamandras, gnomos e ondinas.

Amigo leitor, abra a tua mente porque Deus é maior do que imaginas e possui tantos mistérios que tua mente humana é incapaz de imaginá-los ou concebê-los.

Os reinos elementais são os portais de entrada para a vida em nosso abençoado planeta e mesmo nós, os hoje espíritos humanos, já passamos por alguns deles antes de sermos conduzidos à via evolutiva destinada aos espíritos.

O que acabamos de comentar não é desconhecido e já foi comentado por muitos autores ocultistas ou espiritualistas, sendo de conhecimento geral. Mas não éramos seres elementais puros e sim espíritos elementares.

Ou seja, éramos espíritos desenvolvendo-se dentro de um reino cuja energia elemental pura era a única que podíamos absorver, tal como um recém-nascido só deve alimentar-se do leite materno, pois não consegue digerir outros alimentos.

"Dizem que há reinos minerais e hominais".

Reinos minerais os há, isto é certo. Já reinos hominais, não os encontramos dentro de nenhuma dimensão existente nesse nosso planeta.

O que encontramos é que, em dado momento de suas evoluções, alguns seres desenvolvem uma "hominalidade", ou seja: abrem-se em seu mental o mistério humano; abrem-se sete campos magnéticos concêntricos ao redor dele e o ser em questão habilita-se a viver em um corpo físico. E, quando isto acontece, suas faculdades imanentes e já desenvolvidas são recolhidas ao seu mental superior e daí em diante o ser em questão começa a desenvolver suas faculdades espirituais ou "humanas".

Esses "espíritos" humanos devem desenvolver suas faculdades humanas a partir da absorção da energia no seu estado mais complexo ou associada à matéria.

Agora, reinos puros habitados por espíritos "humanos" ainda não encontramos. E a dinâmica evolucionista humana só tem início quando acontece a abertura do "mistério humano" no mental dos seres que vivem nos sete reinos planetários e que são estes: reinos mineral, vegetal, cristalino, ígneo, eólico, telúrico e aquático.

Nós, os espíritos humanos de hoje, viemos de algum desses reinos e por isso nossas personalidade e natureza íntimas e mais ocultas podem ser classificadas analogicamente com os elementas formadores do nosso planeta.

Pessoas com natureza e personalidade íntimas ígneas são diferentes de pessoas com natureza e personalidade aquáticas, por exemplo.

Dessa classificação analógica ou comparativa com os elementos têm se servido todos os comentários a respeito da personalidade humana feitos por ocultistas, esoteristas, hermetistas, horoscopistas, etc.

Mas, como só recorrem a quatro elementos (fogo, terra, água e ar), então há uma lacuna a ser preenchida nesse campo do estudo dos espíritos humanos, das suas natureza e personalidades.

Se o que já nos havia sido revelado limitava tudo aos quatro elementos, então é chegado o momento de abrirmos o leque para que uma precisão ainda maior venha a se estabelecer nesse campo, melhorando ainda mais o que já é bom e útil às pessoas.

Saibam que um ser elemental puro só tem um campo mental e este vibra numa só frequência, que é a mesma para todos os seres de um mesmo elemento.

O que sabe um ser elemental ígneo, por exemplo, que está no grau evolutivo seis de uma escala de um a dez, todos os seres elementais ígneos no grau evolutivo seis sabem.

E quando um "aprende" algo, imediatamente aquele aprendizado coletiviza-se e todos passam a possuí-lo e a exercitá-lo caso lhes interesse. Mas, caso não lhes interesse, eles os recolhem a uma região mental, isolando-o temporariamente e só retirando-o dela quando se fizer necessário.

Podem comparar esta capacidade dos seres elementais a um computador cujos programas ficam arquivados em pastas específicas e não interferem na execução de outros programas.

Como não estão perdidos, mas sim arquivados em pastas específicas e conhecidas do usuário do computador, se necessário ele recorre a algum deles para trabalhar algo que um outro programa não trabalha.

Pode parecer complicado, mas não é. Ao mesmo tempo, pode parecer simples, mas é complexo, pois o leitor poderá comparar essa capacidade deles à sua, de aprender a fazer algo hoje e só vir a fazer esse algo daqui a alguns anos.

Só que este nosso processo de aprendizado e de armazenamento de conhecimentos é individual, enquanto que com os seres elementais ele é coletivo e o que um, em um estágio específico, vier a aprender, todos nesse estágio aprenderão com ele.

Daí deduzimos que há uma interação mental total entre os seres elementais puros e o que um aprende e desenvolve em seu mental todos os que estão no mesmo grau evolutivo recebem automaticamente, incorporam e usam ou não.

Portanto, a evolução deles é uniforme e em um determinado grau não há seres elementais mais ou menos evoluídos já que tudo é compartilhado por todos.

E, para sua surpresa, saiba que o que um ser elemental puro fizer, todos os que se encontram no mesmo grau evolutivo ficam sabendo no mesmo instante em que está sendo feito.

É como se todos eles tivessem ou fizessem parte de uma mente coletiva, compartilhada por todos ao mesmo tempo.

Isto os diferencia totalmente de nós, espíritos humanos individualizados por personalidade e natureza, próprias de cada um de nós.

Aqui, no plano material ou no nosso lado espiritual, a máxima "cada um por si e Deus para todos" se aplica. Mas, entre os seres elementais puros a máxima é outra: "um para todos e todos para cada um".

Esperamos que tenha ficado claro que existe uma dimensão dos espíritos "humanos" (nós) e que existem muitas outras dimensões, também habitadas por "espíritos" não humanos porque fazem parte de outras realidades criadas por Deus.

Esses outros seres espirituais também têm metas evolucionistas para cumprirem e, ainda que possuam certa similaridade com a nossa evolução, no entanto suas realidades são diferentes da nossa e possuem suas dinâmicas próprias.

Com isso explicado e entendido por você, nosso leitor, então não confunda seres elementais capazes de evoluir dentro do seu elemento ou dimensão da vida com os seres elementares ou criaturas cujos instintivismos as colocam na base da escala evolucionista, seja ela a humana ou de qualquer outra realidade criada por Deus.

Que fique entendido que nós, ao evoluirmos, aumentamos nosso poder mental e quanto mais evoluídos maior é nosso poder de irradiarmos naturalmente nossa luz interior, criando uma aura enorme à nossa volta. Já os seres elementais puros, à medida que evoluem, aumentam de tamanho. E chegam a tamanhos enormes!

Nós passamos por um processo evolucionista tipicamente "humano" e evoluímos individualmente enquanto os seres elementais puros evoluem coletivamente.

Nós, no plano material, vemos, juntos em uma mesma realidade, pessoas cultas e incultas, boas e más, esperançosas e desesperançosas, etc. Mas no plano espiritual há uma separação e cada um segue para sua faixa vibratória afim: bons com bons, maus com maus, cultos com cultos e ignorantes com ignorantes, etc.

Em espírito, somos separados por faixas vibratórias. Já os seres elementais puros, todos vivem em uma outra realidade, em que a separação é análoga, mas muito mais difícil de ser identificada por causa de suas dinâmicas evolucionistas.

Os Seres Elementares

Por elementar, aqui, entendam quem ou o que está na base de alguma coisa.

Então, abordaremos os seres elementares como definimos aqui, e não confundam nossas palavras ou o significado que têm em nossos comentários com o que podem ter em comentários de outros autores, ou outros assuntos.

Os seres elementares são instintivos e, guiados pelo instinto de sobrevivência, formam coletividades de seres de uma mesma espécie, mas estão espalhados por toda a criação.

Esses seres têm suas funções na criação e vivem em função dos meios que os acolhem.

Há seres elementares cujas funções são de energizarem os meios onde vivem e há outros cujas funções são as de higienizarem esses meios, mantendo-os em equilíbrio energético.

Eles são oriundos de realidades impossíveis de serem penetradas por nós, espíritos, porque nossa formação energética não resiste ao meio no qual eles são gerados. E, se entrássemos em uma dessas realidades seríamos destruídos ou devorados pelas formas de vida lá existentes. Seria como mergulharmos em um tanque cheio de piranhas.

É impressionante contemplar essas dimensões extraplanetárias cuja dinâmica criadora gera seres muito diferentes de nós e que atendem fins específicos das nossas muitas dimensões planetárias, fornecendo-lhes "criaturas" totalmente instintivas que têm as funções de higienizarem ou energizarem os meios da vida nessas dimensões.

Como exemplo desses seres elementares, pegamos duas espécies existentes no nosso plano material: as abelhas e os urubus!

As abelhas têm várias funções, entre elas destacamos a de polinizadoras e produtoras de mel, ambas benéficas para a humanidade.

Os urubus têm várias funções, entre elas destacamos a de devoradores de animais mortos e de restos orgânicos.

São duas espécies instintivas e com algumas funções bem identificadas e aceitas por nós como benéficas.

Já as espécies de roedores, como os ratos por exemplo, não classificamos como benéficos porque também devoram coisas úteis para nós. Mas, saibam que, sem os roedores em nosso planeta a quantidade de detritos acumulados seria tanta que não haveria lugar para as pessoas viverem na face da terra.

Os Seres Elementares

Imaginem o lado espiritual sem os seres elementares para absorverem as energias negativas emanadas pelos espíritos que vibram intensos sentimentos negativos.

Eles têm suas funções naturais na criação e são indispensáveis aos meios da vida pois sem eles esses meios logo se tornariam inabitáveis por causa do acúmulo de energia e vibrações negativas emanadas e irradiadas pelos espíritos ou "seres superiores" negativados permanente ou temporariamente.

E a função das bactérias decompositoras, então? O que seria de todas as espécies caso elas não existissem?

— Com certeza seriam soterradas pelos detritos e dejetos que lançam na natureza, não?

Então, que fique claro que para tudo que Deus criou há funções muito bem definidas e outras nem tanto. Mas nada foi criado pelo acaso, certo?

Com isto entendido, comentaremos os seres elementares, aos quais denominaremos por criaturas instintivas ou, simplesmente, de criaturas.

As criaturas estão espalhadas por todas as realidades criadas por Deus e existem algumas que são específicas, só existindo em uma realidade, e outras que são universais e são encontradas em todas as realidades criadas por Deus.

Cada uma é o que é e não encontramos indícios de que evoluam para formas de vida superiores, tal como aqui na terra uma abelha sempre será uma abelha e uma barata sempre será uma barata.

Não entendam nosso comentário fora do seu contexto. Estamos sendo bem didáticos e queremos conduzi-los a uma nova visão das Magias Elemental e Elementar, pois a Magia Elemental trabalha com os seres e as energias dos elementos. Já a Magia Elementar, trabalha com as criaturas ou seres inferiores e com energias derivadas das muitas formas de vida.

Um ser elemental ígneo não absorve energias emanadas por outros seres elementais e muito menos as emanadas pelos espíritos, estejam eles vibrando sentimentos positivos ou negativos.

Já, por exemplo, os seres elementares ígneos, absorvem energias ígneas "pesadas", energias emanadas pelos seres elementais ígneos, e absorvem a energia ígnea emanada pelo nosso corpo na forma de calor... além de absorverem alguns outros tipos de energias complementares da sua "dieta alimentar".

Um ser elemental não absorve as energias emanadas pelas pessoas possuídas pelo desejo sexual, por exemplo. Já certas formas elementares de vida, têm nesse tipo de energia emanada pelos espíritos a sua principal fonte de alimentação energética.

E os animais do nosso plano material que, quando no cio, emanam poderosas descargas energéticas sexuais! Quem senão certas formas de vida elementares para consumi-las, evitando que elas se condensem no éter?

E as energias de ódio ou de inveja, que são "pesadíssimas" e se não forem consumidas tornam-se tão prejudiciais aos seres e aos meios onde vivem que alteram tudo que tocam?

Sim, as energias de ódio alteram a vibração do meio no qual se acumulam e as energias de inveja tornam estéreis os meios onde se acumulam e as coisas que ficam impregnadas por elas (plantas, terras, pessoas, etc.).

As Magias Elemental e Elementar são importantíssimas porque atuam no sentido de devolverem o equilíbrio aos meios e aos seres que neles vivem e evoluem.

A Magia Elemental

Magia Elemental é o ato consciente do mago em alterar certos acontecimentos desequilibrados na vida dos seres ou eventos desequilibradores dos meios onde eles vivem.

Em princípio, devemos trabalhar com as energias dos elementos e nada mais. Mas, caso seja necessário, então devemos solicitar o auxílio dos seres elementais porque eles podem reequilibrar os corpos energéticos dos seres realizando ações regeneradoras neles.

Todas as energias elementais puras realizam seus trabalhos higienizadores e energizadores, bastando ao mago ter à mão o elemento sólido indispensável que as condensarão e as irradiarão.

— Assim, com a água capta-se, concentra-se e irradia-se a energia elemental aquática pura, ainda que na mesma água estejam presentes os sais e minerais.

— As chamas são usadas para captação, concentração e irradiação da energia elemental ígnea pura, ainda que ela esteja saturada pelas energias liberadas pelos elementos queimados para gerarem-nas.

— A terra é o elemento usado para captação, concentração e irradiação da energia elemental telúrica pura, ainda que nela tenham minerais, cristais ou restos de vegetais, etc.

— O oxigênio é o captador, concentrador e irradiador da energia eólica pura, ainda que no ar estejam presentes outros gases.

— Os vegetais são os captadores, concentradores e irradiadores da energia elemental vegetal pura, ainda que todos os elementos tenham participado da sua geração aqui no plano material.

— Os cristais são os captadores, concentradores e irradiadores da energia elemental cristalina pura, ainda que tenham minérios em sua composição.

— Os minérios são os captadores, concentradores e irradiadores da energia elemental mineral pura, ainda que tenham em sua composição certa quantidade de cristais, vegetais, terras, etc.

Existem os captadores naturais das energias elementais puras, os quais o mago deve usar para concentrar energias elementais puras e direcioná-las para fins específicos e benéficos a si, aos seus semelhantes e à vida à sua volta.

Sabemos da existência de práticas mágicas elementares nocivas às pessoas e à vida à volta de quem a elas recorre, mas isso deve-se à ignorância e à maldade das pessoas negativadas conscientemente.

A existência dessas pessoas e dessas práticas nocivas não deve servir de impedimento para a prática da Magia Elemental benéfica, até porque só a magia elemental positiva consegue reparar os males causados pelas pessoas que recorrem a essas práticas nocivas e condenáveis pela Lei Divina.

A ficção, os contos e as fábulas criaram na mente das pessoas o mito de que bruxos(as), magos(as), xamãs, feiticeiros, etc., trabalham com a Magia Elemental pura. Mas isto não é verdade porque os seres elementais não atendem a invocações ou conjurações destrutivas.

Essas pessoas trabalham com a Magia Elementar e confundem-na com a Magia Elemental.

— "A Magia Elemental é pura e não há como inverter suas funções tornando-as nocivas às pessoas".

Já a Magia Elementar, esta é dual e tanto pode ser usada para auxiliar quanto para prejudicar as pessoas.

Na Magia Elemental pura trabalha-se com energias fundamentais e com seres com um grau de consciência definido e que são amparadores da natureza.

Uma projeção elemental ígnea pura irá auxiliar a pessoas objeto dela. E o mesmo acontece com todas as outras energias elementais puras usadas pelos magos dos elementos puros.

Então, que fique claro a todos que a Magia Elemental não pode ser usada para o mal porque ela só tem funções benéficas.

Agora, quanto à Magia Elementar, que é dual, aí as coisas mudam.

A Magia Elementar

A Magia Elementar tanto trabalha com energias positivas para as pessoas quanto com as que são negativas e extremamente nocivas.

A Magia Elementar é praticada por meio de oferendas rituais ou trabalhos com os elementos mágicos apropriados para condensação energética específica.

Nela, os elementos mágicos têm suas funções naturais alteradas e novas funções lhes são dadas pelos seus operadores, que imantam eles com suas vibrações e os tornam absorvedores, condensadores e irradiadores de energias afins com seus sentimentos e os tornam atratores de seres elementares capazes de auxiliá-los em seus trabalhos, sejam eles positivos ou negativos.

Por ser dual, um elemento tanto serve para atrair uma criatura que irá auxiliar alguém ou irá prejudicá-la. O mesmo elemento tem dupla função.

A única diferença está nos propósitos e sentimentos dos operadores dela, assim como na classe de seres invocados em seus cerimoniais.

— Um trono de Deus não é ativado a partir de propósitos e sentimentos negativos. Mas os exus respondem a pessoas movidas por sentimentos negativos.

— Um anjo não é ativado por uma pessoa possuída por sentimentos negativos e que está vibrando o ódio por alguém. Já os "demônios" atendem a essas pessoas sem nenhum problema de consciência.

Lembrem-se que, para cada classe de seres divinos com funções puras, há opostos com funções duais e que, dependendo dos propósitos do operador mágico, podem ser ativados de forma negativa, prejudicial e destrutiva.

Os demônios, os exus, as pombajiras, os anjos e arcanjos negros ou opostos aos luminosos, os tronos opostos cujo nome invocatório não é revelado ao plano material e muitas outras classes de seres duais lidam com seres elementares o tempo todo, pois se utilizam deles para auxiliar ou prejudicar as pessoas às quais foram direcionados.

Esta facilidade de uso benéfico ou maléfico desses seres-mistérios tem dado, no decorrer dos séculos, à Magia uma feição temível e tem levado muitos operadores da Magia, dual às trevas mais sombrias, nas quais passam por tormentos indescritíveis e inimagináveis pois são atraídos por afinidade mental aos domínios dos poderosos senhores da Magia dual, que passam a usar esses infelizes em suas invocações.

E, assim, uma corrente de espíritos nefastos foi criada nas trevas que os aprisionou a partir dos seus próprios sentimentos negativos e seus propósitos condenados pelas leis da criação, que não admitem o mau uso dos mistérios duais.

Portanto, ao operarem com a Magia Elementar, tenham em mente que o seu uso benéfico reverterá em benefício ao seu operador. Já o uso maléfico dela irá, com toda certeza, trazer o malefício ao seu operador.

Tudo é uma questão de tempo, certo?

Elementos Combinantes

Na Magia Elemental podemos ativar um só elemento, dois ou vários, desde que sejam combinantes.

Nunca devemos ativar os elementos opostos porque a ação de um anula a do outro e o trabalho resulta nulo.

Se usamos um só elemento, sempre obtemos um resultado positivo e benéfico. Mas se usarmos elementos combinantes, aumentamos o poder de realização da nossa Magia Elemental.

Os elementos combinantes são estes:

- ar — fogo
- ar — água
- ar — vegetal
- ar — cristal
- fogo — ar
- fogo — mineral
- fogo — cristal
- terra — vegetal
- terra — água
- terra — mineral
- terra — cristal
- água — terra

- água — vegetal
- água — ar
- água — mineral
- água — cristal
- cristal — fogo

- cristal — água
- cristal — terra
- cristal — ar
- cristal — mineral
- vegetal — terra

- vegetal — água
- vegetal — ar
- vegetal — mineral
- mineral — água

- mineral — fogo
- mineral — vegetal
- mineral — terra
- mineral — cristal

Estes elementos, quando combinados, agem em harmonia e realizam um trabalho maior em nosso benefício porque interagem entre si, bipolarizam-se e enquanto um atua passivamente o outro atua de forma ativa.

— Enquanto um flui de cima para baixo, ou seja: desde a vibração mais elevada até a mais baixa, o outro flui em sentido contrário, percorrendo um caminho inverso desde a vibração mais baixa até a mais elevada: isto no sentido norte-sul.

E o mesmo acontece nas direções direita-esquerda e em todas as outras direções cardeais mágicas.

O uso mágico de um só elemento é poderoso. Mas o uso dele com um dos seus combinantes propicia ao mago elemental uma soma de poderes realizadores elementais.

Também é possível usar, pois, elementos combinantes em uma direção (N-S, por exemplo) e outros dois, também combinantes, em outra direção (L-O, por exemplo).

Um espaço mágico elemental pode recorrer a quantas direções ou sentidos (irradiações) quiser o seu operador.

1- Direção bipolarizada (N–S), (L–O), (NO–SE), (NE–SO).
2- Direções bipolarizadas (N–S, L–O), (NO–SE, NE–SO).
3- Direções bipolarizadas (N–S, NO–SE, NE–SO), (L–O, NO–SE), (NE–SO).
4- Direções bipolarizadas (N–S, L–O, NO–SE, NE–SO).

Mas também é possível formar um espaço mágico no centro e distribuir à sua volta os seus combinantes, criando espaços mágicos elementais complexos.

Por exemplo, distribuição em cruz ou em triângulo:

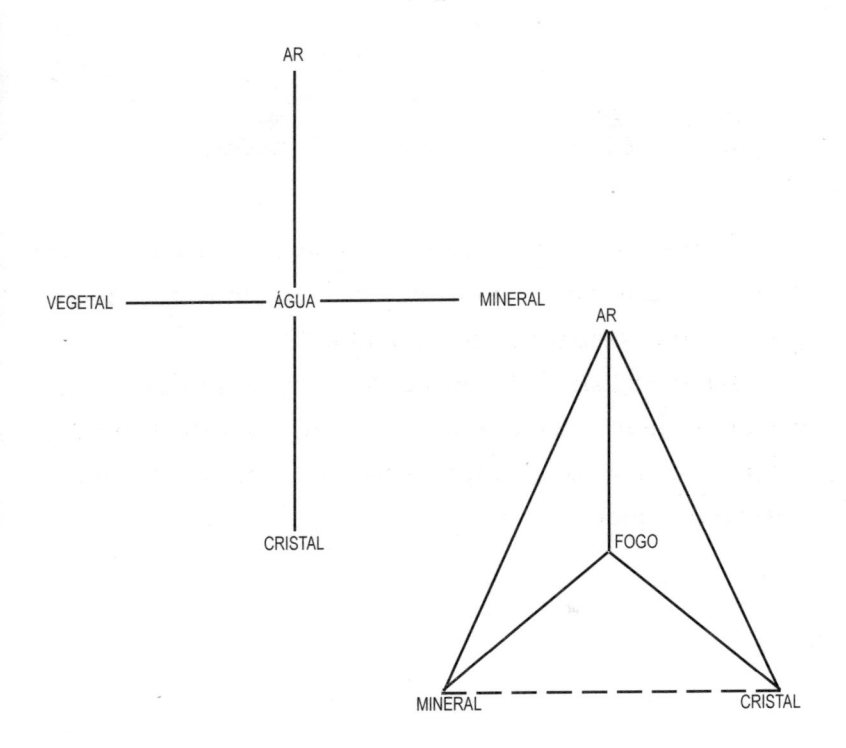

Distribuição pentagonal:

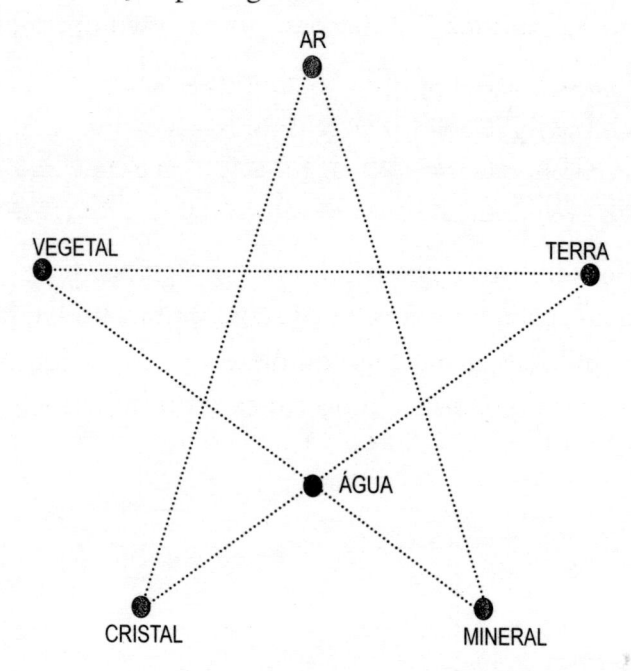

```
            AR
             •
      
  VEGETAL         TERRA
    •               •
     
            •
          ÁGUA
      
   •               •
 CRISTAL        MINERAL
```

Só não devem por em uma mesma linha ou direção dois elementos não combinantes entre si, ainda que ambos o sejam com o elemento coordenador.

Temos de, antes de desencadear uma ação mágica elemental, analisar se devemos recorrer a um só poder elemental, a dois ou mais pois, às vezes, é necessário apenas um para se obter o resultado esperado.

A Energia dos Elementos em Nosso Auxílio

Os elementos são energias puras e, portanto, são poderosos quando ativados na Magia, porque concentram-se e realizam um trabalho "natural" de dias, meses ou anos em poucos minutos.

Se não, vejamos: uma pessoa negativa-se mentalmente por causa dos seus sentimentos de tristeza, frustração, ódio, inveja, etc., e vive longos períodos de tempo absorvendo energias negativas alimentadoras desses mesmos sentimentos, sobrecarregando-se de tal forma que, só os seus próprios mecanismos descarregadores, repelidores, anuladores ou transmutadores delas são insuficientes e incapazes de alterar o estado energético do seu espírito.

Então, todos recorremos à Magia em suas muitas formas de ser ativada positivamente para alterarmos esse estado negativo do nosso espírito.

Nós sabemos que determinadas práticas de Magias negativas elementares, (práticas estas condenadas pela Lei Maior) enviam para as pessoas vítimas delas cargas pesadíssimas e intensas de energias viciadas acumuladas nas faixas vibratórias negativas.

Essas energias são geradas nessas faixas pelos seres que nelas se encontram retidos e delas só sairão realmente quando alterarem o estado de suas consciências. Mas, enquanto isso não acontece esses seres geram e irradiam o tempo todo essas suas energias viciadas geradas em seus íntimos por causa dos seus sentimentos negativos.

O acúmulo dessas energias viciadas nas faixas vibratórias negativas é tão grande que as tornam insuportáveis aos espíritos equilibrados e luminosos, e quando são abertos os portais mágicos negativos, através deles são enviadas o tempo todo essas energias às pessoas vítimas deles, saturando os seus sete campos vibratórios e os sete corpos internos dos seus espíritos.

Mas, como esses meios da vida estão energeticamente viciados por causa dos sentimentos negativos vibrados pelos espíritos ali retidos, então esses meios atraem formas elementares ou primárias de vidas (criaturas ou espécies inferiores) que se alimentam delas e multiplicam-se intensamente, então por meio desses portais negativos veem muitas dessas criaturas juntamente com as energias projetadas contra as pessoas vítimas dessas Magias destrutivas.

Com isso, além das energias negativas, as vítimas dessas Magias têm absorvido formas estranhas de vida em seus corpos internos e elas passam a se alimentar das energias vitais de seus hospedeiros (as pessoas vítimas).

Só as energias negativas já seriam suficientes para prejudicarem alguém. Mas esta "carga viva" adicional onera ainda mais o bem-estar das vítimas e levam muitas a se sentirem doentes, ainda que não estejam sofrendo de nenhuma doença física, já esses parasitas estão alojados nas "camadas" do seu corpo espiritual.

— Sobrecarga energética negativa, obstrução dos chacras absorvedores de energias positivas, internalização de formas de vida prejudiciais e esgotamento acentuado das energias vitais sustentadoras das funções mentais e espirituais das pessoas vítimas as têm levado de um médico a outro, de um benzedor a outro, de uma religião a outra numa busca sem fim para recuperarem a saúde física e o bem-estar espiritual.

E, se muitos conseguem livrar-se desse estado de espírito enfermiço, no entanto, muitos não obtêm sucesso e vão arrastando suas vidas, sempre batendo de porta em porta, em busca de alguém que os curem ou os livrem de um sofrimento contínuo.

E muitos, após muitos anos desse sofrimento contínuo, acabam estacionando seus padrões vibratórios mentais em graus negativos e ficam expostos o tempo todo às faixas vibratórias negativas, passando a viver nelas e a alimentar seus espíritos e mentes com as energias negativas nelas existentes.

Essa negativação permanente dessas pessoas sofridas as tornam em portais vivos e encarnados dessas faixas vibratórias e, ainda que inconscientes disso, passam a transmitir para outras pessoas à sua volta essa sua carga negativa, prejudicando-as também.

Essa transmissão acontece quando essas pessoas negativadas interagem com outras por meio dos seus campos vibratórios externos que envolvem seu corpo espiritual.

— A função desses campos é criarem à nossa volta um campo só nosso e isolador do nosso espírito, se estivermos mentalmente positivos. Mas, se nos negativarmos mentalmente, a função deles inverte-se e tornam-se absorvedores de tudo que há na faixa vibratória negativa correspondente ao seu grau vibratório mental.

Uma pessoa com um grau vibratório mental negativo em menos um (-1°) está interagindo espiritualmente com a faixa vibratória negativa menos um (-1°) e está espiritualmente exposta a tudo o que nela existe, sobrecarregando-se o tempo todo.

E o mesmo acontece com todos os graus vibratórios mentais negativos sucessivos e que vão até o grau vibratório mental menos sete (-7°). Se bem que, por si só, uma pessoa só consiga negativar-se até o grau menos três (-3°), o que já é um horror e um tormento indescritível.

Porém, se uma pessoa, por "conta própria" se negativa até o grau menos três (-3°) por causa dos seus sentimentos de tristeza, mágoas, frustrações, invejas, ódios, etc., uma pessoa vítima de uma Magia Negra, de um bruxedo, de uma necromancia, de um "vodu", etc., tem aberto contra si um portal negativo que pode chegar até o grau menos sete (-7°) e ser atingida de forma irreversível, tanto mental quanto espiritualmente e ser lançada na prostração, na doença apatizadora, etc.

Quando os danos não são irreversíveis e faculdades mentais e espirituais não foram degeneradas, a energia dos elementos age rapidamente devolvendo o bem-estar espiritual e a saúde às vítimas dessas Magias afrontosas à vida e a Deus.

"Uma observação: que todos os que recorrem às práticas mágicas negativas saibam que tudo o que projetarem contra suas vítimas retornará para eles no devido e certo tempo, punindo-os exemplarmente, pois só assim, na dor, retificarão suas consciências já que, na nossa origem, Deus nos dotou com um estado de consciência virtuoso e preservador da vida e dos meios onde ela flui e evolui.

A ninguém Deus concedeu o direito de prejudicar um ser semelhante e, saibam todos, que quem isso fizer colherá no retorno todo o mal que gerou e projetou contra quem quer que seja.

— Muitas das pessoas, hoje, sofridas e atormentadas só estão colhendo, nesta vida, o mal que espalharam em outras, quando recorriam às práticas mágicas negativas para vingarem-se dos seus desafetos, dos seus inimigos ou para alcançarem objetivos escusos. E que não tinham capacidade ou não foram agraciados com a posse natural deles.

Lamentavelmente, não são poucos os que recorrem à Magia negativa em suas muitas formas de ser praticada e, posteriormente, são punidas pela lei do retorno, assim como não são poucas as pessoas que a aprendem e depois colocam-se a serviço de quem as remunera para que a façam por eles. E, nesses casos o retorno será para ambos: o contratante e o contratado.

Justa punição para quem se dispõe em praticá-la e para quem a ela recorre".

Após esta observação, e voltando ao nosso propósito, esclarecemos que a energia elemental é poderosíssima na limpeza dos espíritos das pessoas vítimas dessas Magias negativas e pode limpá-la totalmente em pouco tempo.

Quanto à manutenção energética positiva do espírito, vários fatores devem ser trabalhados ao mesmo tempo:

— Positivismo mental.

— Depuração do emocional.

— Criação interna de um estado de consciências positivo e permanente... são fatores imprescindíveis a uma verdadeira recuperação do bem-estar espiritual para as pessoas.

— Vigilância dos pensamentos e combate permanente aos sentimentos negativos que brotam no íntimo ou são despertados por fatores externos, são importantes para a manutenção do bem-estar das pessoas.

— Os sentimentos negativos que brotam no íntimo são estes: ciúme, inveja, soberbia, ódio, desejos incontroláveis, antipatias, etc.

— Os sentimentos negativos que dependem de fatores externos são estes: desemprego, separações matrimoniais, quebra violenta de amizades, endividamentos, vícios, brigas, etc.

Todos esses sentimentos, e os muito aqui não indicados negativam o mental das pessoas e as colocam em sintonia vibratória mental e espiritual com as faixas vibratórias negativas, nas quais são descarregadas as energias geradas no íntimo de quem estiver vibrando-as.

E isso num primeiro momento porque, se eles tornarem-se sentimentos permanentes, a pessoa que vibrá-los logo passará a absorver o que há na faixa com a qual está em sintonia vibratória mental e espiritual, atraindo, inclusive, espíritos com afinidades vibracionais e emocionais.

A manutenção de bons sentimentos e a vigilância dos próprios pensamentos é o melhor recurso para não nos colocarmos em sintonia mental, emocional e vibracional com as faixas negativas, assim como são os melhores meios de nos ligarmos com as faixas vibratórias positivas e luminosas, habitadas apenas pelos espíritos evoluídos e pelas formas de vida geradoras de energias positivas e benéficas a quem conseguir captá-las e absorvê-las continuamente.

Lembre-se disso e observe com atenção seus sentimentos e pensamentos, assim como vigie os atos e as palavras das pessoas que fazem parte do seu círculo íntimo de amizades ou de... desafetos. Certo?

E também recorra às energias elementais para purificarem-se e readquirirem o bem-estar físico e espiritual.

Como Surgem as Energias Elementais

As energias elementais puras e identificadas com as diversas substâncias ou matéria que os condensaram aqui no plano material existem em todos os níveis vibratórios da criação, ainda que nos dois primeiros planos ela não tenha alcançado uma densificação que possa defini-la como elemento.

Mas, quando falamos do elemento fogo, ele é só uma condensação ou agregação de micropartículas "subquânticas" que o formam. Logo, podemos nos referir ao fogo como matéria ígnea, como substância ígnea, como elemento ígneo, como essência ígnea, como fator ígneo.

A base de formação começa com os fatores porque, até agora, só nos foi possível alcançá-los, estudá-los e compreendê-los parcialmente, faltando-nos muito para que os esgotemos e nos habilitemos a alcançar estados ainda mais sutis da criação divina.

Mas, para os nossos propósitos, que é o de abrirmos um pouco mais o conhecimento da Magia, os fatores já nos bastam para tanto, uma vez que esse conhecimento fundamentador das energias originais inexistia antes de nossos comentários acerca da gênese divina.

O fato já conhecido por nós e aplicado à Magia Divina é este:

— Deus manifesta-se e emana de si suas vibrações, criando um fundo ou uma base análoga (se não a mesma), que a física quântica denominou de "supercordas".

Mas as vibrações emanadas por Deus são vivas e desprendem micropartículas, espalhando-as nos meios por onde passam (todos os lugares ou espaço), criando com isso o próprio espaço onde antes só havia o vazio.

Lembrem-se de que o vazio não é algo mas, sim, apenas um estado da criação antes dela existir como emanação divina.

A própria criação é um estado de ser das coisas. Portanto, o vazio é o que ainda não foi criado ou o vácuo absoluto e o espaço é o que foi emanado por Deus e é a criação divina.

O vácuo contrai o espaço, e a criação o expande, gerando nos seres a impressão de que algo existe, ainda que não possa ser visto ou detectado por suas limitadas faculdades mentais, restritas unicamente às coisas mais densas, palpáveis ou sensíveis.

Mas existe um fundo, ou base vibracional, divino que se irradia o tempo todo desprendendo fatores, que são as menores partículas já encontradas por nós na criação.

Como esse fundo provém de um estado anterior da criação ainda inacessível para os espíritos, preferimos denominar esse estado como o "interior de Deus".

Já os estados das coisas posteriores a ele, e que vão se condensando e se densificando até chegarem à matéria, nós os denominamos de o "exterior de Deus".

Tudo o que existe no exterior de Deus, poderemos conhecer se evoluirmos o suficiente para descobrirmos, estudarmos, aprendermos e usarmos em nosso benefício ou dos nossos semelhantes.

Quanto ao que existe no interior de Deus, aí tudo é fechado e o conhecimento pertence ao nível divino da criação, que é o domínio das divindades de Deus e nunca dos espíritos, que são uma das coisas criadas por Deus.

Lembrem-se de que o criador conhece o que cria, mas a criatura não poderá ter a certeza absoluta de que conhece o seu criador.

Assim, esse fundo vibratório é formado por muitos tipos de ondas, e todas desprendem seus fatores, criando um plano diáfano onde as formas não existem devido à sutileza energética.

Essas ondas, nós as classificamos pelo fator que irradiam, e os fatores, nós os identificamos pelas suas funções, pois cada fator realiza um "trabalho" específico.

Com isso entendido, saibam que os fatores agregam-se em "famílias", e temos isto:

— Fatores ígneos
— Fatores eólicos
— Fatores telúricos
— Fatores aquáticos
— Fatores minerais
— Fatores vegetais
— Fatores cristalinos

Cada família é formada por muitos fatores e, se muitos de cada uma delas já foram identificados, no entanto, quando os estudamos por meio dos elementos que formam, encontramos muitos ainda com suas funções indefinidas.

Esperamos que o tempo nos faculte meios de identificarmos as funções de todos eles. Mas o nosso trabalho, aqui no plano espiritual, assemelha-se ao dos cientistas que estudam os genomas: cada genoma é formado por muitos genes e cada um deles contribui de alguma forma para a espécie de vida criada a partir dele. Assim, se cada gene tem sua função, cada fator também tem.

Se cada gene é formado por certa combinação de proteínas, cada fator é formado por certa combinação subfatoral.

É de família em família, de fator em fator que vamos decodificando a menor partícula energética da criação e identificando a função de cada uma delas.

Assim, agrupando fatores por famílias e decodificando-os a partir das energias elementais, podemos afirmar que há uma vibração ígnea formada pela emanação de Deus de um conjunto de fatores afins entre si porque a função de um é complementar à dos outros da mesma família.

Cada vibração é formada por muitas ondas cujas formas, ou modo de fluírem pelo espaço, mantêm certa similaridade.

Daí, cada elemento também mantém essa diferenciação na sua forma de fluir pelos meios de vida "cortados" pelas suas ondas energizadoras, e, com isso, a vibração de um elemento não interfere com a dos outros elementos, pois todas estão em todos os lugares ao mesmo tempo, sem que uma anule as funções dos outros.

Então, nas energias elementais temos isto:

— Vibração ígnea — elemento fogo
— Vibração eólica — elemento ar
— Vibração telúrica — elemento terra
— Vibração aquática — elemento água
— Vibração mineral — elemento mineral
— Vibração vegetal — elemento vegetal
— Vibração cristalina — elemento cristal

Essas vibrações, aqui associadas aos elementos e às substâncias, encontram-se em todos os níveis da criação, em todos os planos e em todas as dimensões da vida, assim como em todos os graus vibratórios intradimensionais, tanto nas suas faixas positivas como nas negativas assim como na faixa neutra existente em todas elas, que é por onde os "espíritos" iniciam suas evoluções.

Então, podemos ordenar a escala vibracional de um elemento desde o momento em que Deus manifestou-se:

— Vibração interna de Deus, inacessível aos espíritos;
— Vibração fatoral, formadora do 1º. plano da vida;
— Vibração essencial, formadora do 2.º plano da vida;
— Vibração elemental, formadora do 3.º plano da vida;
— Vibração dual, formadora do 4.º plano da vida;
— Vibração encantada, formadora do 5.º plano da vida;
— Vibração natural, formadora do 6.º plano da vida;
— Vibração celestial, formadora do 7.º plano da vida.

Nós, os espíritos, vivendo nossos ciclos reencarnacionistas estamos vivendo no 6º. plano da vida, mas já estagiamos em todos os anteriores, inclusive no "interior de Deus", no qual fomos gerados e dotados de inúmeras faculdades e de uma consciência.

Assim, com isso comentado, saibam que as energias elementais são formadas por famílias de fatores com funções diferentes, mas que "trabalham" dentro de uma dessas sete vibrações.

É certo que muitas pessoas que estudaram os elementos em outras escolas dirão isto:

— Só existem quatro elementos na natureza e um quinto que denominamos por plasma, éter, etc.

É aí que discordamos, não por discordar, mas, sim, porque o plasma etérico é resultante da somatória de muitas energias elementais puras, e não só das sete aqui descritas.

Outra das razões desse acréscimo de mais três elementos (mineral, vegetal e cristal), tão abundantes no nosso planeta, é porque sem a existência deles não haveria condições de existir aqui, no plano material, formas de vida tão díspares entre si (humanos e peixes, por exemplo), mas todas usufruindo dos sete elementos aqui citados e de outros que não comentamos porque eles entram como elos de ligação entre os sete.

Fogo e água não são combinantes, mas existe um elemento, denominado por nós de amalgamador, que transfere para a vibração aquática a energia "quente" do elemento fogo, dando ao elemento aquático atividade ou excitação fatoral, tal como a água material tem suas moléculas excitadas quando ela é aquecida.

Então, chegamos a um ponto tal que podemos classificar os elementos por funções.

Assim, temos isto:

— Elemento ígneo — função graduadora
— Elemento eólico — função movimentadora
— Elemento telúrico — função estabilizadora
— Elemento aquático — função geradora
— Elemento mineral — função conceptiva
— Elemento vegetal — função expansora
— Elemento cristalino — função modeladora

Esses sete elementos com suas "funções coletivas" podem ser comentados de forma tal que assumem uma lógica aceitável até aos mais ordotoxos defensores da existência de apenas quatro elementos naturais e um etérico.

- **Elemento ígneo** — é graduador por excelência porque, em relação à matéria, é ele quem dá o ponto de fusão, liquefação e vaporização a todas as substâncias.

- **Elemento eólico** — é movimentador por excelência porque, sem o ar, nada se moveria na face da Terra e até a energia gerada por nós não se dispensaria no éter.

- **Elemento telúrico** — é estabilizador por excelência porque, em nível material, tudo e todos só adquirem estabilidade se estiver fincado na terra ou sobre ela.

- **Elemento aquático** — é gerador por excelência porque, sem a água, tudo resseca e torna-se estéril ou não germina.

- **Elemento mineral** — é conceptivo por excelência porque, sem os nutrientes minerais, a vida não existiria, pois nada cresceria se não os absorvesse em abundância.

- **Elemento vegetal** — expansor por excelência porque, em relação à matéria, sem a existência dos vegetais, só haveria o deserto, já que são eles que transformam os elementos químicos em vitaminas, proteínas, etc., expandindo os meios de a vida fluir.

- **Elemento cristal** — modelador por excelência porque, em relação à matéria, as sete formas geométricas de crescimento das coisas lhe pertencem e podem ser estudadas na cristalografia, sendo que cada uma delas está associada a um dos sete elementos aqui citados.

Nós costumamos classificar os elementos desta forma:

— Elementos primários (fogo, ar, terra, água);
— Elementos secundários (mineral, cristal, vegetal);
— Elementos terciários (não nomeáveis, por enquanto).

Esses sete elementos formam o que denominamos setenário elemental, indispensável à vida humana e a todas as outras formas de vida aqui existentes.

E, se fizerem uma reflexão, perceberão que há um perfeito equilíbrio entre os sete, ainda que alguém possa dizer que ¾ do planeta é formado de água.

Só não se lembram de dizer que dentro dessa mesma água estão os minerais, os cristais e as algas, que são uma forma de vida vegetal, ainda que a biologia e a botânica não as classifiquem como tal e prefiram colocá-las em outro grupo, de tão grande que ele é.

Mas, no plano espiritual superior, o estudo das algas nos indica que elas têm sustentação como formas de vida na vibração vegetal, sustentadora da expansão da vida nos meios por onde ela flui.

Além do mais, retirem também de dentro das águas todas as formas de vida que nela se abrigam e seu volume diminuirá consideravelmente, já que essas formas de vida são massa e ocupam um lugar no espaço, no caso, o espaço ocupado pelas águas, avolumando-as ainda mais.

Um biólogo marítimo, um matemático e um químico poderão comprovar isso que afirmamos aqui.

Assim, que todos saibam e aceitem, mesmo a contragosto, que, ou existem sete vibrações, sete elementos e sete funções básicas para existir a abundância das formas de a vida fluir, ou então que primeiro vá até um biólogo e pergunte-lhe o que aconteceria com a vida na Terra caso dela fossem retirados todos os vegetais, todos os minerais e todos os cristais (o sal é um cristal e é originado a partir da vibração cristalina, assim como o nitrogênio também o é. Já o potássio é originado na vibração mineral, e o oxigênio é originado na vibração eólica, e o fósforo é originado na vibração ígnea, etc., com todos os elementos químicos da tabela periódica).

O setenário, aqui denominado por "elemental", também se aplica aos sete planos da vida, aos seus sete sentidos, aos sete mistérios maiores de Deus, às sete divindades ou manifestações dEle, o nosso divino Criador.

Um elemento não subsiste por si só, senão ele se decompõe em fatores e espalha-se, perdendo sua característica identificadora, que o torna o que é: a somatória de muitos fatores de uma mesma família fatoral que o originam.

As Divindades Elementais

O termo divindade significa o que subsiste, o que preexiste e o que manifesta Deus, pois só pode ser considerada uma divindade quem for, no exterior dele, uma de suas exteriorizações e sempre se mostrar indissociada dele.

Portanto, divindade só pode ser considerada como tal se:

a) no interior de Deus for uma de suas faculdades;
b) no exterior de Deus for uma de suas manifestações;
c) na sua criação for uma de suas funções;
d) no todo for uma de suas qualidades.

Vamos comentar um pouco isto:

a) cada faculdade de Deus é em si uma fonte inesgotável e geradora de tudo o que existe na vibração que a distingue. Assim, temos o seguinte:

- faculdade ígnea — gradua tudo e todos
- faculdade eólica — movimenta tudo e todos.
- faculdade telúrica — estabiliza tudo e todos.
- faculdade aquática — gera tudo e todos.
- faculdade mineral — concebe tudo e todos.
- faculdade vegetal — expande tudo e todos.
- faculdade cristalina — formatiza tudo e todos.

b) cada manifestação de Deus é em si a criação de um meio de a vida fluir e subsistir em seu exterior. Então, temos isto:

- manifestação ígnea — gera o meio ígneo da vida e sustenta em si todos os seres ígneos.
- manifestação eólica — gera o meio eólico da vida e sustenta em si todos os seres eólicos.
- manifestação telúrica — gera o meio telúrico da vida e sustenta em si todos os seres telúricos.
- manifestação aquática — gera o meio aquático da vida e sustenta em si todos os seres aquáticos.
- manifestação mineral — gera em si o meio mineral da vida e sustenta em si todos os seres minerais.
- manifestação vegetal — gera em si o meio vegetal da vida e sustenta em si todos os seres vegetais.
- manifestação cristalina — gera em si o meio cristalino da vida e sustenta em si todos os seres cristalinos.

c) Cada função é em uma ação permanente na criação e atua sobre tudo o que nela existir. Então, temos:

- função ígnea: dar o grau vibracional a tudo e a todos, inclusive às outras seis vibrações e a tudo o que nelas existir.
- função eólica: dar movimento a tudo e a todos, inclusive às outras seis vibrações divinas e a tudo o que nelas existir.
- função telúrica: dar estabilidade a tudo e a todos, inclusive às outras seis vibrações divinas e a tudo o que nelas existir.
- função aquática: dar geratividade a tudo e a todos, inclusive às outras seis vibrações divinas e a tudo o que nelas existir.
- função mineral: dar conceptividade a tudo e a todos, inclusive às outras seis vibrações divinas e a tudo o que nelas existir.
- função vegetal: dar expansividade a tudo e a todos, inclusive às outras seis vibrações divinas e a tudo o que nelas existir.
- função cristalina: dar forma a tudo e a todos, inclusive às outras seis vibrações divinas e a tudo que nelas existir.

d) Cada qualidade de Deus só o é caso seja indissociada de sua natureza divina, tanto a interior quanto a exterior. Então temos isto:

- qualidade ígnea: por ser graduadora proporciona o equilíbrio permanente entre o interior e o exterior de tudo e de todos.

- qualidade eólica: por ser movimentadora, proporciona o fluir permanente entre o interior e o exterior de tudo e de todos (fluir = deslocamento).
- qualidade telúrica: por ser estabilizadora, proporciona a equalização permanente entre o interior e o exterior de tudo e de todos.
- qualidade aquática: por ser geradora, proporciona a criação permanente no interior e no exterior de tudo e de todos.
- qualidade mineral: por ser conceptiva, proporciona a renovação permanente do interior e do exterior de tudo e de todos.
- qualidade vegetal: por ser expansora, proporciona o crescimento permanente no interior e no exterior de tudo e de todos.
- qualidade cristalina: por ser modeladora, proporciona a forma permanente no interior e no exterior de tudo e de todos.

Assim, só é divindade quem, como faculdade de Deus, manifesta-se de forma funcional e qualificadora de tudo o que existe (exterior) e preexiste (interior), não causando em momento algum dissonâncias, contradições, dicotomias ou separação entre as duas formas de Deus existir e agir: a forma interior e a exterior!

O que preexiste em Deus dá sustentação a tudo o que ele gera e emana para o seu exterior, sendo que cada coisa gerada já traz em si como sua natureza o que preexiste em Deus.

Portanto, encontramos o equilíbrio, o movimento, a estabilidade, a criatividade, a conceptividade, a expansividade e a forma em tudo e em todos.

Só o que preexiste em Deus subsiste nos meios por onde a vida flui por meio das suas muitas formas de existir.

Logo, só é uma divindade quem preexistir no interior de Deus e existir no seu exterior como um dos seus meios da vida ou como uma de suas manifestações por meio de uma de suas emanações divinas.

E assim surgem as classes de divindades:

1- Divindades ígneas.
2- Divindades eólicas.
3- Divindades telúricas.
4- Divindades aquáticas.
5- Divindades minerais.
6- Divindades vegetais.
7- Divindades cristalinas.

— As divindades ígneas, por serem emanações divinas, formam a vibração ígnea e regem tudo o que nela foi formado e todos que nela vivem e evoluem.

— As divindades eólicas, por serem emanações divinas, formam a vibração eólica e regem tudo o que nela foi formado e a todos que nela vivem e evoluem.

— As divindades telúricas, por serem emanações divinas, formam a vibração telúrica e regem tudo o que nela foi formado e a todos que nela vivem e evoluem.

— As divindades aquáticas, por serem emanações divinas, formam a vibração aquática e regem tudo o que nela foi formado e a todos que nela vivem e evoluem.

— As divindades minerais, por serem emanações divinas, formam a vibração mineral e regem tudo o que nela foi formado e a todos que nela vivem e evoluem.

— As divindades vegetais, por serem emanações divinas, formam a vibração vegetal e regem tudo o que nela foi formado e a todos que nela vivem e evoluem.

— As divindades cristalinas, por serem emanações divinas, formam a vibração cristalina e regem tudo o que nela foi formado e a todos que nela vivem e evoluem.

Daí surgem classes diferentes de divindades, tais como: tronos, anjos, arcanjos, gênios, elementais, elementares, etc.

Cada um tem uma função específica na criação e possuem suas hierarquias, formadas por serem de natureza divina e que vivem e atuam a partir do lado divino da criação, interagindo em todos os meios da vida com tudo e todos que existem nas suas vibrações identificadoras.

Portanto, divindade é manifestação de Deus e os seres divinos são os manifestadores de suas divindades, ou faculdades, qualidades e funções.

Daí, no caso dos elementos, temos uma divindade de Deus para cada um deles, surgindo isto:

— Divindade elemental ígnea: é a manifestadora de Deus por meio de sua emanação ígnea e rege toda uma hierarquia de seres elementais divinos ígneos.

— Divindade elemental eólica: é a manifestadora de Deus por meio de sua emanação vibratória eólica e rege toda uma hierarquia de seres elementais divinos eólicos.

— Divindade elemental telúrica: é a manifestadora de Deus por meio de sua emanação vibratória telúrica e rege toda uma hierarquia de seres elementais divinos telúricos.

— Divindade elemental aquática: é a manifestadora de Deus por meio de sua emanação vibratória aquática e rege toda uma hierarquia de seres elementais divinos aquáticos.

— Divindade elemental mineral: é a manifestadora de Deus por meio de sua emanação vibratória mineral e rege toda uma hierarquia de seres elementais divinos minerais.

— Divindade elemental vegetal: é a manifestadora de Deus por meio da sua emanação vibratória vegetal e rege toda uma classe de seres elementais divinos vegetais.

— Divindade elemental cristalina: é a manifestadora de Deus por meio de sua emanação vibratória cristalina e rege toda uma classe de seres elementais divinos cristalinos.

Essas sete divindades elementais têm suas hierarquias de seres elementais divinos e que são seus manifestadores individualizados e "governadores" dos seres elementais gerados por Deus nas suas sete vibrações.

A partir desse ponto, podemos abordar os seres elementais e as energias elementais puras que se manifestam na Magia Elemental.

Isso faremos nos próximos capítulos. Prossigamos!

As Cores das Energias Elementais Puras

Cada energia elemental, por fluir num padrão vibratório específico, adquire uma cor que a distingue e facilita sua mentalização.

É certo que, quando as energias elementais se misturam, surgem cores novas ou derivadas das originais, mas o importante é que estas trazem em si as funções ou poderes de realização dos seus elementos formadores.

As cores dos elementos estão para a cromoterapia como os átomos estão para as substâncias.

— A energia cristalina é branca cintilante;
— A energia mineral é dourada;
— A energia vegetal é esverdeada;
— A energia ígnea é avermelhado-alaranjada;

— A energia eólica é clara e semitransparente;
— A energia aquática é azulada difusa;
— A energia telúrica é magento-aroxeada;

Já a mistura ou combinação de duas energias puras dão novas cores e a de três energias gera outras cores.

Quando duas cores derivadas das originais são misturadas, a identificação das cores que as derivaram torna-se muito difícil e é quase um exercício de advinhação classificá-las.

As Energias Elementais na Magia Divina

As energias elementais ou as associadas aos elementais são sutis e fluem com intensidade pelos meios da vida, sempre atuando em benefício dos seres, das criaturas e das espécies criadas por Deus.

Se, no capítulo das divindades elementais, vimos que os fatores de Deus, agrupados em famílias, têm cada um, uma função ou realiza um trabalho e, na somatória dos fatores de uma família, destaca-se a função principal, então temos isto:

—Vibração ígnea: função geradora → a energia elemental ígnea tem por função principal a de graduar a vibração de tudo o que Deus criou e emanou. Portanto, na Magia Divina elemental, ela irá consumir os excessos, suprir as carências e devolver o equilíbrio vibratório a tudo e a todos.

—Vibração eólica: função movimentadora → a energia elemental eólica tem por função principal a de movimentar tudo o que Deus criou e emanou. Na Magia Divina elemental, ela irá dar movimento a tudo que se paralisou ou irá diminuir o movimento de tudo o que estiver movendo-se desordenadamente.

—Vibração telúrica: função estabilizadora → a energia elemental telúrica tem por função principal a de estabilizar tudo que Deus criou e emanou. Na Magia Divina elemental, ela irá anular as causas desestabilizadoras, devolvendo a estabilidade a tudo e a todos.

— Vibração aquática: função geradora → a energia elemental aquática tem por função das geratividade a tudo o que Deus gerou e emanou. Na Magia Divina elemental, ela irá regenerar tudo o que se degenerou.

—Vibração mineral — função conceptiva → a energia mineral tem por função principal dar conceptividade a tudo e a todos que Deus emanou. Na Magia Divina elemental, ela renova tudo o que se esterilizou, devolvendo-lhe a conceptividade.

— Vibração vegetal: função expansora → a energia elemental vegetal tem por função dar a expansividade a tudo o que Deus gerou e emanou. Na Magia Divina elemental, ela irá atuar no sentido de anular as causas das paralisações e devolver a capacidade de se expandir a tudo e a todos.

—Vibração cristalina: função modeladora → a energia elemental tem por função modelar tudo o que Deus gerou e emanou. Na Magia Divina elemental, ela irá atuar no sentido de anular as causas das deformações e devolverá as formas originais de tudo e de todos.

Pela função principal das vibrações e das divindades, temos os campos de ação, atuação e realizações das energias elementais. Mas, como até aqui foi colocado, elas não revelam muito. Portanto, vamos denominar algum dos fatores de cada família fatoral elemental para que possam ver como são abrangentes os trabalhos que realizam:

Família dos fatores da vibração ígnea:

- Fator consumidor
- Fator energizador
- Fator equilibrador
- Fator graduador
- Fator incandescente
- Fator abrasador
- Fator liquefativo
- Fator fortalecedor
- Fator condensador
- Fator alternador
- Fator emparelhador, etc.

Família dos fatores da vibração eólica:

- Fator movimentador
- Fator direcionador
- Fator ordenador
- Fator espalhador
- Fator rarefazedor
- Fator indicador
- Fator retificador
- Fator destrancador
- Fator desbloqueador
- Fator potencializador
- Fator agilizador
- Fator encadeador
- Fator girador
- Fator abridor
- Fator dispersador, etc.

Família dos fatores da vibração telúrica:

- Fator evoluidor
- Fator decantador
- Fator transmutador
- Fator estabilizador
- Fator reequilibrador
- Fator elevacionista
- Fator conscientizador
- Fator regenerador
- Fator curador
- Fator transportador

- Fator apassivador
- Fator racionalizador
- Fator reenergizador, etc.

Família dos fatores da vibração aquática:

- Fator gerador
- Fator criador
- Fator reestabilizador
- Fator crescente
- Fator formulador
- Fator desencadeador
- Fator germinador
- Fator brotador
- Fator ondulador
- Fator fertilizador
- Fator gestador
- Fator devolvedor
- Fator ressuscitador
- Fator revitalizador
- Fator vivificador, etc.

Família dos fatores da vibração mineral:

- Fator agregador
- Fator atrator
- Fator repulsor
- Fator renovador
- Fator diluidor
- Fator entrelaçador

- Fator enconchador
- Fator conceptivo
- Fator fecundador
- Fator gestador
- Fator imantador
- Fator fechador
- Fator energizador
- Fator repositor
- Fator vivificador, etc.

Família dos fatores da vibração vegetal:

- Fator expansor
- Fator concentrador
- Fator encaminhador
- Fator fixador
- Fator energizador
- Fator condensador
- Fator racionalizador
- Fator criativo
- Fator semeador
- Fator enlaçador
- Fator desencadeador
- Fator motivador
- Fator buscador
- Fator ramificador
- Fator avançador, etc.

Família dos fatores da vibração cristalina:

- Fator modelador
- Fator magnetizador
- Fator desmagnetizador
- Fator triangulador
- Fator formulador
- Fator norteador
- Fator retificador
- Fator condutor
- Fator virador
- Fator entroncador
- Fator refazedor
- Fator endireitador
- Fator cristalizador
- Fator quadriculador
- Fator cruzador
- Fator delineador
- Fator elevador
- Fator congregador
- Fator congraçador
- Fator idealizador, etc.

Lembrem-se de que já existem cerca de 2 mil fatores com suas funções identificadas e já catalogado por famílias ou vibrações. Mas muitos outros estão sendo estudados e, aqui, apenas mostramos alguns para que saibam que na Magia Elemental, quando uma ação é desencadeada, muitos serão os campos de atuação do(s) elemento(s) ativado(s) pelo mago ativador.

Lembrem-se também de que, para cada fator existe um ser divino elemental que o gera e irradia o tempo todo para os meios da vida e os seres que neles vivem e evoluem.

Portanto, divindade elemental só existe uma para cada elemento. E seres divinos geradores e irradiadores dos fatores existem muitos e nós os denominamos divindades elementais individualizadoras de bens.

Seres Elementais na Magia Divina

Os seres elementais puros ou de um só elemento distribuem-se pelas sete vibrações no terceiro plano da vida.

Quando desencadeamos uma ação mágica elemental, os seres elementais sempre se fazem presentes e atuam de acordo com nossas determinações, se elas forem sustentadoras dos meios e da vida.

Eles nunca auxiliam as pessoas em ações desequilibradoras dos meios e dos seres.

O acesso às divindades individualizadas, às vibrações e aos seres elementais, nós conseguimos por meio dos próprios elementos materializados: fogo, ar, terra, água, minerais, vegetais, cristais.

Devemos criar no local escolhido um altar de oferecimento e um portal mágico para podermos interagir com os poderes e as forças elementais da natureza.

Com isso criado, devemos nos dirigir com respeito e reverência à divindade elemental, aos seres divinos elementais, aos poderes elementais (fatores), às forças e aos seres elementais, clamando pelo auxílio deles em nosso socorro ou benefício.

Se nossos clamores e pedidos encontrarem respaldo nas leis de causas e efeitos, de méritos e débitos, de ação e reação, etc., então somos atendidos prontamente. Mas se não encontrarem respaldo, nada feito e eles não atenderão nossos clamores e pedidos, mas, sim, atuarão no sentido de retificarmos perante estas mesmas leis reguladoras da vida e dos meios onde ela flui.

Nos altares, colocamos velas, incensos, óleos aromáticos, flores, frutas, bebidas, etc.

Nos espaços ou portais mágicos elementais, nós colocamos os elementos materiais. O único problema é com o elemento ar, o qual se encontra dispersa no espaço. Mas há um concentrador mineral da energia eólica que é a hematita. Logo, basta construir um triângulo, ou uma cruz, ou um pentagrama, ou um hexágono, ou um círculo de ferro ou de aço e por uma ou mais velas brancas, amarelas, azul-escuras ou violetas dentro deles ou em seus vértices, o que concentrará tanto a vibração eólica que, se colocarmos as mãos dentro deles depois de ativadas as suas atuações, sentiremos "algo" vibrando.

Após tudo feito e desencadeado, devemos ficar de pé diante do portal elemental por uns vinte minutos, quando teremos nossos espíritos purificados e reenergizados.

Quanto aos pedidos e clamores, no decorrer do tempo eles atuarão para realizá-los ou para tornar-nos merecedores do que pedimos.

A Magia Elementar

A Magia Elementar trabalha com as formas básicas ou elementares da vida. São seres instintivos e não são dotados das faculdades do raciocínio, mas somente de outras, reservadas por Deus às formas de vida responsáveis pelo excesso energético ou desequilíbrio vibratório dentro dos meios.

Suas funções são análogas às de muitas espécies controladoras da natureza terrestre ou fertilizadoras do solo e da água.

No plano físico, nós temos bactérias decompositoras, nitrificados, oxigenadoras, etc.

Também temos animais roedores, carniceiros, predadores, etc.

Pois, saibam, que não é a Magia Elemental, mas sim a elementar que trabalha com estas formas de vida elementares ou básicas.

Como a Magia Elementar é dual ou bipolar, então ela vem sendo usada desde a Antiguidade tanto para fins benéficos quanto maléficos.

E não são poucos os espíritos de pessoas que recorrem a ela de forma maléfica e amargam tormentos inenarráveis de tão terríveis que foram.

A Lei maior é implacável com quem recorre à Magia dual com fins maléficos e os pune energética e exemplarmente.

Os seres naturais não encarnantes e duais, ou bipolarizados, atuam nessa Magia como seus ativadores-desativadores naturais, e o fazem após serem oferendados nos seus campos vibratórios naturais.

— Seres naturais duais vegetais são oferendados e evocados em bosques, matas, jardins e florestas.

— Seres naturais duais ígneos são oferendados e evocados em campo seco e aberto dentro de círculos mágicos ígneos.

— Seres naturais duais eólicos são oferendados e evocados em campos abertos dentro de círculos mágicos delimitados com pó de ferro.

— Seres naturais duais telúricos são oferendados e evocados na terra e dentro de círculos mágicos aquáticos (fazer um sulco na terra e regá-lo com água ou algum tipo de bebida.

— Seres naturais duais minerais são oferendados e evocados em rochas, pedras ou minérios e o próprio elemento é o portal. Logo, devem depositar as oferendas em cima ou ao lado do elemento mineral escolhido.

— Seres naturais duais aquáticos são oferendados e evocados em rios, lagos, mar, cachoeiras, e o próprio elemento material (a água) é o portal. Logo, devem depositar dentro dela as oferendas.

— Seres naturais duais cristalinos são oferendados em áreas ou terrenos cristalizados, tais como pedreiras, reservas de mármore, de britas, etc. O próprio elemento é o portal e sobre ele devem-se depositar suas oferendas.

Lembrando-os de que, se forem evocá-los e oferendá-los para fins benéficos, serão abençoados pelos seres divinos duais que regem esses seres e são os senhores da Magia Elementar.

Mas, se forem fazê-lo com fins maléficos, serão amaldiçoados e escravizados por eles, que os verão como espíritos encarnados irracionais, insensíveis e maléficos.

E, no devido tempo, irão lhes enviar a cobrança da fatura, que será paga da forma mais tormentosa possível.

Formas de Vida Elementares

As formas elementares de vida são seres inferiores que, nos seus reinos naturais, são o que são: mantenedores dos meios onde vivem porque suas funções são definidas e eles consomem os substratos energéticos de baixa vibração, resultantes das atividades dos seres superiores, assim como as energias emanadas pela "flora" neles existentes, etc.

Enfim, nos meios onde vivem, são indispensáveis e estão integrados a eles.

Quem os controla, que são os seres duais, que os deslocam de um lugar para outro por meio de ordens mentais.

E, quando esses seres duais atuam na natureza, servem-se daquelas formas de vida para realizarem parte das suas ordens de trabalhos mágicos.

Ora os usam para limparem um meio saturado de energias ou substratos negativos, ora os usam para devorarem outras formas inferiores que estão desequilibrando os meios sob a guarda deles.

Isso tudo nas dimensões paralelas porque, na dimensão humana da vida, habitada por nós, os espíritos, esses seres duais atuam como elementos mágicos vivos e, se são ativados por intermédio das Magias realizadas no plano material, a ação dessas formas elementares de vida será positiva, caso sejam Magias elementares positivas, mas, se forem negativas, suas ações serão nocivas para nós e são capazes de esgotarem nossas energias vitais, deixando-nos prostrados, enfermos ou perturbados.

Sim, a par de consumirem nossas energias vitais, descarregam dentro do nosso espírito suas energias enfermiças.

São tantas as formas inferiores de vida que as classificamos apenas pelos elementos que as distinguem:

— formas de vida inferiores ígneas;
— formas de vida inferiores eólicas;
— formas de vida inferiores telúricas;
— formas de vida inferiores aquáticas;
— formas de vida inferiores minerais;
— formas de vida inferiores vegetais;
— formas de vida inferiores cristalinas.

Em cada uma dessas classes de formas de vida inferiores, as "espécies" são tantas que se torna impossível fazer uma classificação delas.

O fato é que essas formas de vida inferiores são muito ativas nas Magias negativas praticadas aqui no plano material por pessoas desequilibradas, e um grande mal vem sendo feito por essas formas sem que disso saibam suas vítimas: as pessoas!

É muito comum as pessoas sob efeito da magia estarem com seus "corpos" espirituais contaminados de tal forma, que se mostram necrosados, esburacados, carcomidos, etc.

Essas pessoas sentem-se esgotadas, apáticas, desanimadas, doentes, etc., e só melhoram quando passam por uma remoção dessas criaturas, por uma descarga das energias enfermiças geradas por elas e por uma regeneração completa dos seus corpos espirituais.

Se as pessoas pudessem ver dentro dos seus corpos espirituais essas formas de vida inferiores com certeza ficariam horrorizadas, e se pudessem ver como elas deixam esses mesmos corpos, enlouqueceriam.

Ainda bem que não veem e só se sentem mal... e nada mais, já que são os hospedeiros e alimentadores delas, que não saem senão por intermédio de Contramagias positivas.

Usamos a Magia Elemental pura para anularmos essas formas de vida dos corpos espirituais das pessoas contaminadas por elas, pois o contato das energias puras as dissolvem instantaneamente, não sendo necessário o uso de elementos mágicos materiais, tais como: vegetais, minerais animais, etc.

Infelizmente, a Magia Elemental pura, que é energética, é pouco conhecida e pouco usada no combate à Magia Elementar negativa, e a humanidade tem deixado de se beneficiar de um poderoso antídoto mágico para neutralizar esse estado nocivo dos seus espíritos, assim como para purificar um pouco as vastas regiões astrais negativas ocupadas por espíritos que iniciaram suas degenerações ainda aqui no plano material e só as acentuaram após desencarnarem.

A ativação de uma Magia Elemental pura limpa os sete corpos internos do espírito de uma pessoa e anula toda a Magia negativa feita contra ela, assim como alcança as regiões astrais guardadas pelos agentes duais ativados negativamente, fechando em seus mentais o polo negativo que lhes faculta o domínio mental sobre as formas inferiores de vida manipuladas ou deslocadas mentalmente por eles, incapacitando-os dali em diante neste mister.

A partir daí, eles só conseguirão atuar positivamente e por meio do polo mental positivo.

Com isso, deixam de atender às evocações mágicas negativas e de servir como agentes mágicos a pessoas maldosas... ou desequilibradas.

A Ativação da Magia Elemental Pura

Muitas são as pessoas que se dizem conhecedoras da Magia Elemental, mas, até onde sabemos, só conhecem a Magia Elementar, e dela vêm se servindo, ora positivamente, ora negativamente. Tudo dependendo dos seus propósitos mágicos ou dos seus sentimentos íntimos.

— Silfos, gnomos, ondinas, salamandras, fadas, seres da natureza, etc., são somente elementos ou agentes mágicos elementares, e nada mais.

Portanto, essas pessoas só praticam a Magia Elementar, positiva ou negativa.

Quanto à Magia Elemental pura, esta só é ativada por meio da evolução mágica ou da oração invocatória das divindades elementais puras e dos seres elementais da natureza divina.

Os seus nomes são secretos e ocultadíssimos e só podem ser passados a quem vier a se iniciar e jurar mantê-los em segredo absoluto. E, caso venha a revelá-los a um profano, imediatamente começa a ser punido e esgotado através do seu corpo elemental básico ou puro.

A evolução dessas divindades elementais ou dos seres elementais de natureza divina deve ser silenciosa e só por meio do uso do mental, e ainda assim com os olhos abertos, com as mãos cruzadas no peito e curvados de tal forma que a testa esteja encostada em um tecido na cor do elemento correspondente, estendido no solo, e com a cabeça totalmente coberta por um tecido branco, alvíssimo mesmo.

Só assim as divindades e os seres divinos elementais reconhecem os seus evocadores e invocadores como merecedores de suas ações mágicas ou religiosas e atendem a seus clamores e pedidos de auxílio.

Uma ação mágica elemental pura verdadeira é capaz de auxiliar uma, dezenas, centenas ou milhares de pessoas reunidas em um espaço destinado a este fim.

Ali, no espaço físico específico, só com ordens mentais o "mago dos elementos"— pois é assim que são denominadas as pessoas que atuam com este poder divino — anula em instantes as piores Magias negativas, amarrações, ebós sangrentos, bruxedos, necromancias, vodus, despachos malignos, etc.

Durante suas ordens ou determinações mágicas ele deve ficar dentro de um círculo riscado com giz na cor do elemento ou construído pelo próprio elemento material simbolizador do poder que ele ativará.

E deverá permanecer dentro do círculo até que tenha terminado a sua ação mágica elemental pura.

Um "mago dos elementos" não pronuncia nunca o nome sagrado e secreto de uma divindade elemental e não o mentaliza em vão, só o fazendo em silêncio quando for ativar uma Magia Elemental pura.

— "Quem conhece e é iniciado de fato, nada revela. E quem revela, não conhece e não foi iniciado de fato".

A Ativação Mágica dos Seres Elementais Puros

Se a ativação mágica das divindades elementais é secreta e silenciosa, a dos seres elementais já não é tão rigorosa assim, ainda que não é bem visto por estes seres os "magos dos elementos" que não respeitam as regras de comportamentos mágicos.

Podem ativá-los por mentalização se forem iniciados nos seus mistérios ou ativá-los elementalmente se forem autorizados por um mago dos elementos.

Ao contrário da ativação das divindades elementais, quando o mago fica dentro de um círculo mágico, é a pessoa a ser auxiliada que é colocada dentro do círculo riscado ou elemental.

O mago elemental faz sua evocação em silêncio e desencadeia a atuação dos seres elementais em benefício da pessoa que está atendendo, e pode usar do elemento material para potencializar a sua ação mágica.

Após usar o elemento mágico material, deve colocá-lo dentro do círculo mágico aberto por ele e deixá-lo em decantação por 12 horas seguidas, para só depois desse tempo levantá-lo e devolvê-lo ao seu lugar ou despachá-lo na natureza.

Consagração de Elementos Materiais

Um "mago dos elementos" pode consagrar talismãs, amuletos, patuás, pantáculos, elementos mágicos, materiais e dá-los para as pessoas se protegerem parcialmente de cargas energéticas negativas em que há encostos espirituais.

As cerimônias de consagração são fechadas e ele não pode abri-las para ninguém senão estará quebrando seu juramento de voto de silêncio.

São cerimônias poderosas e que dotam os objetos protetores de um poder de realização magnífico. E, justamente por isso, suas consagrações são secretas.

Um elemento material consagrado por um mago dos elementos, após sua consagração adquire "vida própria" e age por si e de si em benefício da pessoa que irá usá-lo.

Um elemento mágico consagrado especificamente para a proteção de uma pessoa é intransferível e só reconhecerá o seu proprietário. E se outra pessoa se apossar dele, ele começará a atuar contra esta pessoa.

Ele não se sobrecarrega nunca e atua o tempo todo em benefício do seu dono.

Quem possuir um objeto assim, consagrado por um mago dos elementos, deve tratá-lo como uma relíquia, uma joia rara, pois seu "amuleto protetor" estará protegendo-o o tempo todo.

E, uma pessoa que tocá-lo, se estiver vibrando sentimentos negativos para com o seu possuidor, irá receber uma descarga repulsora que irá instalar-se no seu espírito como uma nódoa causadora de dor e desconforto, só cessando se revelar ao possuidor dele que não estava vibrando bons sentimentos quando o tocou sem sua autorização, só então deixará de sentir o incômodo da descarga repulsora, pois o objeto consagrado recolhera do seu profanador sua descarga reativa e punidora de pessoas que tocam no que não lhes pertence... e ainda mais, sem a autorização dos seus donos.

E o dono de um "objeto" consagrado por um mago dos elementos nunca deve permitir ou deixar que profanem o seu "protetor elemental".

— Certo?

Conclusão

Bem, amigos leitores, eis aí um pouco de conhecimentos fundamentais sobre a verdadeira Magia Elemental e Elementar.

É certo que aqui nos limitamos a revelar com parcimônia e cuidado para não revelarmos o irrevelável.

A Magia Elemental pura é uma das mais poderosas das Magias e não têm um lado negativo e que possa ser usado para prejudicar as pessoas ou para negativar suas casas ou suas vidas.

É uma Magia Divina e pessoas más não se afinizam com ela, preferindo recorrer à Magia Elementar, que é dual e serve tanto às pessoas boas quanto às pessoas más.

Como a Magia Elementar é dual, que a ensine quem quiser correr o risco de ser penalizado pela lei devido ao uso negativo que darão a ela quem vier a aprendê-la.

Quanto a nós, os verdadeiros magos dos elementos, preferimos só praticar a Magia benéfica e combateremos as Magias maléficas ativadas por pessoas más ou desequilibradas mental e consciencialmente.

E que deles Deus se apiede pois seus executores são impiedosos e cruéis! E são os próprios agentes mágicos duais invocados em suas Magias.

MADRAS® Editora — CADASTRO/MALA DIRETA

Envie este cadastro preenchido e passará a receber informações dos nossos lançamentos, nas áreas que determinar.

Nome _____

RG _____ CPF _____

Endereço Residencial _____

Bairro _____ Cidade _____ Estado ____

CEP _____ Fone _____

E-mail _____

Sexo ❏ Fem. ❏ Masc. Nascimento _____

Profissão _____ Escolaridade (Nível/Curso) _____

Você compra livros:
- ❏ livrarias
- ❏ feiras
- ❏ telefone
- ❏ Sedex livro (reembolso postal mais rápido)
- ❏ outros: _____

Quais os tipos de literatura que você lê:
- ❏ Jurídicos
- ❏ Pedagogia
- ❏ Business
- ❏ Romances/espíritas
- ❏ Esoterismo
- ❏ Psicologia
- ❏ Saúde
- ❏ Espíritas/doutrinas
- ❏ Bruxaria
- ❏ Autoajuda
- ❏ Maçonaria
- ❏ Outros:

Qual a sua opinião a respeito desta obra? _____

Indique amigos que gostariam de receber MALA DIRETA:

Nome _____

Endereço Residencial _____

Bairro _____ Cidade _____ CEP _____

Nome do livro adquirido: ***Magia Divina dos Elementais***

Para receber catálogos, lista de preços e outras informações, escreva para:

MADRAS EDITORA LTDA.
Rua Paulo Gonçalves, 88 – Santana – 02403-020 – São Paulo/SP
Caixa Postal 12183 – CEP 02013-970 – SP
Tel.: (11) 2281-5555 – Fax.:(11) 2959-3090
www.madras.com.br

MADRAS® Editora

Para mais informações sobre a Madras Editora,
sua história no mercado editorial
e seu catálogo de títulos publicados:

Entre e cadastre-se no site:

www.madras.com.br

Para mensagens, parcerias, sugestões e dúvidas, mande-nos um e-mail:

marketing@madras.com.br

SAIBA MAIS

Saiba mais sobre nossos lançamentos,
autores e eventos seguindo-nos no facebook e twitter:

@madrased

/madraseditora